L'ÉPISTRATÈGE

DE

LA THÉBAÏDE

PARIS
LIBRAIRIE LEROUX
28, RUE BONAPARTE, 28

1890

L'ÉPISTRATÈGE

DE

LA THÉBAÏDE

PARIS
LIBRAIRIE LEROUX
28, RUE BONAPARTE, 28

1890

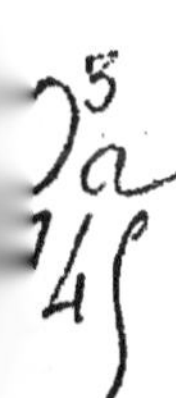

L'ÉPISTRATÈGE

DE

LA THÉBAÏDE

Épistratège est dérivé de deux mots grecs : επι, qui indique une supériorité, une prééminence, et στρατηγος, qui signifie général, chef d'armée. Je connais donc au premier abord l'origine et le caractère de l'épistratégat. Il a été institué sous la domination grecque, il est d'essence militaire. Mais dans toute l'antiquité, en Orient comme chez les Grecs et les Romains, par suite d'une confusion de pouvoirs mal définis, par le fait de l'existence précaire des provinces, résultant d'un état de guerre plus ou moins permanent, les attributions administratives et judiciaires étaient dévolues aux chefs d'armée, satrapes, proconsuls ou préteurs. Il en est de même pour l'épistratège. Ce n'est pas seulement le généralissime chargé de pourvoir à la défense du pays, c'est l'administrateur par excellence, c'est le magistrat suprême. Tout rayonne autour de lui, tout porte son empreinte, tout émane de son autorité.

L'épistratégat fut établi en Thébaïde, sous le règne de Ptolémée Épiphane. Les Égyptiens, impatients du joug des Lagides, et voyant l'influence grecque supplanter peu à peu les traditions nationales, tentèrent un suprême effort pour recouvrer les privilèges et la liberté perdus. La tentative fut vaine, l'occasion était passée. L'éclat des règnes des premiers Ptolémées avait gagné à leur cause de nombreux adhérents. L'influence grecque était à jamais assise dans la vallée inférieure du Nil. Le mouvement fut circonscrit dans la Thébaïde. Des prétendants éthiopiens possédaient déjà la Haute-Égypte.

Ptolémée Épiphane, après avoir étouffé la révolte dans le sang, chercha à se concilier les Thébains par des mesures de douceur relative. Il les déchargea de plusieurs impôts arbitraires, leur octroya plusieurs *prostagma* libéraux, mais substitua l'autorité militaire et l'état de siège à l'autorité civile. Il donna aux fonctionnaires grecs des attributions de plus en plus étendues, et, ne pouvant exercer d'Alexandrie, sa capitale, une influence décisive sur les Thébains, il institua un gouverneur, sorte de vice-roi d'Irlande, honoré de toutes les distinctions, investi de tous les pouvoirs, dont l'autorité était subordonnée à celle du roi, mais qui, en vérité, par suite de l'éloignement et de la difficulté des communications, était le seul et véritable maître. C'est notre Épistratège.

Ce haut fonctionnaire était nommé et révoqué par le roi, et choisi parmi les princes du sang ou les grands dignitaires de la cour. En raison de ses attributions multiples et de sa haute importance politique, il était presque toujours de nationalité grecque. La durée de son mandat était illimitée.

L'épistratège ne résidait pas à Thèbes, vieux foyer de la civilisation et de l'indépendance égyptiennes, mais parcourait toutes les villes de la Thébaïde, recevant les suppliques, redressant les abus, rendant la justice. Il se trouvait à Thèbes à certaines occasions, notamment au mois de mechir (qui correspond à notre mois de février), pour présider aux fêtes annuelles données en l'honneur d'Ammon.

L'épistratège séjournait surtout à Ptolémaïs sur le Nil (Psoï), la ville de Soter, toute grecque de mœurs et qui, par sa position au nord de la Thébaïde, à quelques étapes de la limite de son gouvernement, lui assurait une retraite facile en cas de soulèvement éventuel des Thébains.

L'épistratège avait le titre de parent du roi (συγγενης). Ce titre est analogue à celui de cousin, dont les rois de France décoraient les princes du sang et les représentants des grandes familles du pays. Je vois dans ces συγγενεις une sorte de noblesse fondée, comme la noblesse semble l'avoir été en tout pays, sur la reconnaissance d'un chef envers de fidèles serviteurs. Il est prouvé que les anciens Pharaons donnaient le titre de *parent* ou *d'ami*, quelquefois *d'ami unique*, σουτεν ρεχ, σμεροα, ὁ πρωτος φιλος, aux grands fonctionnaires de l'État. Cet usage, adopté par les Achéménides, puis par

Alexandre, se perpétua chez ses successeurs, tant Lagides que Séleucides. Déjà, sous Ptolémée Philadelphe, nous voyons Lysimaque, stratège de Thèbes, honoré du titre de *frère du roi*. Il est probable que cette coutume a duré pendant toute la domination des rois grecs en Égypte. Ce titre de parent, frère ou ami, avait d'autant plus de valeur qu'il était héréditaire.

L'épistratège administrait toute la partie de l'Égypte, appelée Thébaïde, qui commençait à Philé et aux cataractes de Syène pour finir à Panopolis (Papyrus III de Turin). Quelquefois, il réunissait sous sa domination quelques territoires conquis au sud de son gouvernement sur les Éthiopiens; par contre, il étendait parfois sa juridiction sur tout ou partie de la région memphitique [1]; parfois aussi il avait sous son autorité tout le pays compris entre le Nil et la mer Rouge qui était appelé Arabie. C'est ainsi qu'il porte quelquefois le titre d'arabarque.

Le nombre des stratégies placées sous la domination directe de l'épistratège a donc été fort variable.

La division des stratégies semble avoir correspondu à celle des nômes, à cette exception près qu'une même stratégie pouvait comprendre deux nômes, par exemple la stratégie d'Ombos et d'Éléphantine, et qu'à l'inverse deux stratèges pouvaient se partager l'administration d'un seul nôme. Ainsi, dans le nôme de Thèbes, nous

(1) L'épistratège administra la région memphitique à plusieurs époques différentes, mais seulement après la ruine de Thèbes.

voyons un stratège urbain et un stratège pour la banlieue (peri Thebas).

Il y avait aussi des stratèges à Ptolémaïs sur le Nil, à This, Panopolis, Latopolis (nôme pathyrite), Tentyra, célèbre par son temple et son zodiaque, à la grande Oasis, dans les villes maritimes de Coptos et de Bérénice, à Diospolis parva et Apollinopolis.

Nous avons étudié la fondation et le caractère de l'épistratégat, les privilèges et les dignités attachés aux fonctions de l'épistratège et les pays soumis à son autorité. Entrons dans le détail de ses attributions.

ATTRIBUTIONS MILITAIRES

L'épistratège, avons-nous dit, était surtout un chef d'armée. L'armée avait à jouer un rôle prépondérant en Thébaïde et l'élément militaire domina tous les services civils comme dans les pays en état de siège.

Qu'on se représente la Thébaïde au deuxième siècle avant notre ère! C'était la province la plus éloignée du centre du gouvernement. Située entre la mer et le désert, elle était exposée aux attaques des pirates et des tribus nomades; au sud, des voisins belliqueux, agressifs, pillards : les Éthiopiens; à l'intérieur, une population hostile, frémissante sous la domination étrangère, forte des souvenirs du temps passé. Bien plus, l'ordre était constamment troublé par les dissensions réciproques des nômes, conséquence inévitable des rivalités séculaires. Nous en voyons un exemple dans la lutte acharnée entre les nômes de Tentyra et d'Ombos, du temps de Plutarque.

L'épistratège avait donc à réprimer les nombreuses factions intérieures et à repousser les attaques fréquentes du dehors. Quelquefois, pour prévenir les desseins hostiles des peuplades voisines, il devait prendre loffensive et diriger des expéditions sur les territoires contigus. Il jouissait donc, jusqu'à un certain point, du droit régalien de déclarer la guerre.

L'épistratège commandait toutes les troupes cantonnées en Thébaïde (*Summus imperator*).

L'armée était composée d'abord presque exclusivement d'Égyptiens. Dans la suite, surtout après la révolte des Thébains, les Lagides s'efforcèrent, et pour cause, de substituer dans les cadres de l'armée l'élément grec à l'élément égyptien. Cette substitution ne put s'accomplir qu'à la longue. Les épistratèges ont donc eu sous leurs ordres les derniers membres de la caste guerrière[1].

L'épistratège commandait directement aux stratèges, ses subordonnés immédiats, ainsi qu'aux officiers de toutes sortes : hipparques, navarques, etc.

Il nommait à tous les grades et emplois dans l'armée.

Les stratèges, à l'exemple de leur chef, avaient des attributions administratives et judiciaires. Ils présidaient un tribunal particulier, pouvaient établir des taxes et redevances sur les villes et avaient la direction de la police. Ils avaient enfin la prééminence sur tous les autres fonctionnaires du nôme. Une mention spéciale doit être accordée au stratège de la Thébaïde, qui servait de coadjuteur à l'épistratège dans l'exercice de

(1) Dans l'armée, il faut distinguer le cadre grec et le cadre égyptien qui fut de moins en moins convoqué pour les guerres. Aujourd'hui encore, par une analogie singulière, l'armée d'Egypte comprend les troupes nationales et les troupes anglaises, qui cherchent à s'attribuer la défense du pays au détriment des indigènes.

ses fonctions. La juridiction s'étendait non seulement sur la ville de Thèbes, mais sur toute la Thébaïde.

On peut dire d'une manière générale que le stratège de Thèbes jouissait à un moindre degré des prérogatives attachées à la dignité de son supérieur hiérarchique.

L'épistratège cumulait souvent ses fonctions avec celles de stratège de Thèbes et de Thébarque.

L'épistratège avait sous son autorité immédiate le commandant du district montagneux appelé *mons Berenicidis* (montagne des émeraudes). Cet officier supérieur commandait un corps de troupes plus ou moins considérable. Il avait sans doute pour attributions de protéger les caravanes qui se rendaient de Coptos à Bérénice. Dans plusieurs inscriptions, le rivage de la mer Rouge (η παραλια της Ερυθρας θαλασσης) était placé sous sa juridiction. On conçoit très bien que le commandement de ces troupes chargées de garder les mines devint un titre pour être ensuite épistratège, comme le fut Artorius Priscus, sous Vespasien.

L'épistratège eut aussi à maintes reprises sous sa dépendance le commandant du canton montagneux appelé *Porphyrius mons*, autre poste militaire important.

L'épistratège était aussi commandant supérieur de la flotte de la mer Rouge et de la mer des Indes.

Le titre Επιστρατηγος της Ερυθρας και της Ινδικης θαλασσης, indiquait qu'il étendait son pouvoir non seulement sur les établissements des côtes de la mer Rouge, mais sur tous ceux que les Grecs avaient fondés au midi jusqu'à Ptolémaïs et Adulis.

ATTRIBUTIONS CIVILES.

Les attributions civiles de l'épistratège peuvent être divisées en attributions *politiques* et *administratives*, *judiciaires* et *financières*.

ATTRIBUTIONS POLITIQUES ET ADMINISTRATIVES.

Au point de vue politique, l'épistratège était le représentant du pouvoir central, chargé de veiller à l'exécution des lois et ordonnances royales. Il avait toute latitude pour les interpréter et en régler l'application.

Administrativement la Thébaïde était décomposée en nomarchies, toparchies et villes ou bourgs.

Le nôme est la vieille unité égyptienne par excellence. Chaque Égyptien était attaché à son nôme. Bocchoris, le grand réformateur des institutions administratives, respecta cette division traditionnelle. La toparchie est un démembrement du nôme.

Les nomarques et toparques, agents administratifs

qui peuvent être assimilés aux préfets et sous-préfets, étaient à la discrétion de l'autorité supérieure.

Il semble que les villes égyptiennes aient joui d'une certaine indépendance vis-à-vis des stratèges et des nomarques.

On peut présumer que sous le gouvernement des Lagides les villes ont joui de libertés calquées sur celles des cités grecques. D'autre part, nous voyons dans la stèle bilingue de Turin les habitants de Thèbes voter des remerciements à l'épistate du bourg ou maire, pour sa bonne gestion des intérêts communaux. Les administrés pouvaient donc exprimer leur opinion.

Il y a là un point intéressant à approfondir.

Ptolémaïs sur le Nil avait une administration spéciale comme Alexandrie, Naucratis et les autres villes grecques.

L'épistratège avait la haute direction de la police.

Il faut bien distinguer la police secrète et la police publique.

On sait que l'autorité supérieure entretenait un certain nombre d'agents secrets ou espions, précaution indispensable dans un foyer de conspirations et de révoltes comme la Thébaïde.

La police publique était représentée par les *phylacites*, constitués en corps de troupe, commes nos gendarmes, et dont les chefs, comme les autres officiers de l'armée, étaient soumis à l'autorité directe des épistratèges et stratèges.

ATTRIBUTIONS JUDICIAIRES.

Un fait domine l'organisation judiciaire de l'Égypte sous les Lagides : c'est la substitution lente et progressive des tribunaux grecs à la justice indigène.

Les Ptolémées obtinrent ce résultat : 1° en cherchant à soustraire les Thébains à la juridiction des laocrites par le droit d'option entre les tribunaux grecs et sacerdotaux; 2° en investissant l'épistratège et les stratèges des plus hautes prérogatives judiciaires.

Dans l'Égypte grecque on distinguait la justice civile et la justice criminelle.

Les tribunaux civils étaient ceux des prêtres d'Ammon ou laocrites, des chrématistes ambulants et à poste fixe, enfin les justices de conciliation de l'agoranome et de l'épistate du bourg; les tribunaux criminels étaient ceux des nomarques et les assises ou *ta*.

Seuls l'épistratège et les stratèges eurent le droit de juger au civil et au criminel.

Primitivement les Thébains n'étaient justiciables que des prêtres d'Ammon. Au-dessus de leur tribunal se trouvait la cour des trente juges siégeant à Memphis et dont Diodore de Sicile fait mention. C'était à la fois une cour supérieure d'appel et une cour de cassation. Les prêtres d'Ammon y envoyaient dix juges choisis dans leur collège.

L'épistratège connaissait des affaires portées devant les autres tribunaux et dont il se réservait l'examen spécial. Certaines causes, comme les crimes de lèse-majesté, les différends entre l'État et les particuliers, lui étaient directement soumises. Sa juridiction était donc surtout politique et administrative[1].

L'épistratège, lorsqu'il siégeait en justice, devait être assisté de son conseil. Il rendait lui-même le jugement, mais après avoir entendu son conseil. Nous trouvons une disposition analogue dans la juridiction du proconsul romain, ainsi que nous le montre Cicéron dans ses *Lettres* pendant son séjour en Cilicie.

Tantôt l'épistratège jugeait en première instance, tantôt il prononçait en appel sur opposition formée contre l'arrêt du stratège ou d'un autre juge, mais sa décision était toujours irrévocable.

Les prêtres virent diminuer de plus en plus leurs prérogatives judiciaires. Déjà, sous Évergète II, le recours aux tribunaux des laocrites n'était plus qu'une exception, on préférait s'adresser directement à l'épistratège et aux stratèges. Le but poursuivi par les Ptolémées était atteint.

C'est le propre des gouvernements ou des factions, après avoir dompté un pays par la violence, de consolider leur pouvoir par les arrêts d'une magistrature favorable et à l'ombre des lois.

(1) Comme général en chef des troupes de la Thébaïde, l'épistratège était le juge suprême de l'armée.

ATTRIBUTIONS FINANCIÈRES.

Dans l'ancienne Égypte nous voyons, comme de nos jours, des administrations du domaine et de l'enregistrement, un impôt foncier, un impôt personnel, des droits sur les héritages et sur les ventes, des patentes, des douanes, mais nous ne trouvons pas de distinction nettement établie entre les contributions directes et indirectes.

Le gouvernement traitait à forfait et aux enchères avec un publicain pour le recouvrement de tel ou tel impôt. Le même publicain pouvait avoir la ferme de plusieurs impôts différents. Un trapézite, ou trésorier-payeur, qui se trouvait dans chaque nôme, recevait les paiements en espèces ou en nature et faisait ensuite les versements entre les mains du fermier de l'impôt.

Nous voyons plusieurs circulaires du diœcète ou ministre des finances aux trapézites. Le pouvoir central correspondait donc directement avec les trésoriers-payeurs sans passer par l'intermédiaire de l'épistratège.

L'administration du domaine était représentée dans chaque nôme par un basilicogrammate :

Dans chaque toparchie, par un topogrammate;

Dans chaque village ou bourg, par un komogrammate.

Il y a quelque raison de croire que ces charges d'agents du domaine, occupées par des personnages d'une certaine valeur, assuraient à leurs titulaires une indépendance relative. L'épistratège représentait le roi dans toutes les actions concernant le domaine.

Les recettes et les dépenses étaient prévues chaque année dans un budget. Le roi fixait le montant de l'impôt et le chiffre des dépenses nécessaires à l'entretien des différents services.

La répartition était faite en Thébaïde par l'épistratège et les stratèges.

La principale des attributions financières de l'épistratège consistait dans le pouvoir qu'il avait d'établir des contributions extraordinaires tant en nature qu'en espèces.

Les impôts augmentèrent avec le temps pour subvenir aux besoins croissants du gouvernement d'Alexandrie.

HISTOIRE ABRÉGÉE DE L'ÉPISTRATÉGAT

Les épistratèges eurent souvent à réprimer les soulèvements des Thébains. Le plus important fut celui de l'année 86 avant J.-C., sous le règne de Soter II, où Thèbes fut définitivement ruinée et ne resta même plus le chef-lieu de son nôme.

Les épistratèges eurent aussi à lutter contre les incursions de leurs redoutables voisins du midi, les chefs éthiopiens. Souvent ceux-ci s'emparèrent de la Thébaïde avec le concours des Égyptiens, et se firent proclamer rois du pays. Ce fut un de ces souverains temporaires de Thèbes qui soutint Pescennius Niger contre Septime Sévère (194 après J.-C.).

Un autre de ces chefs d'origine blennye, Psilaân, se fit proclamer empereur et occupa la plus grande partie de la Thébaïde (270). Il fut vaincu par Aurélien, mais c'est à Probus (280) que revient l'honneur d'avoir chassé les Barbares du pays.

Il n'y a pas d'exemple que les épistratèges, abusant des hautes fonctions qui leur étaient dévolues, se soient mis en révolte ouverte contre l'autorité royale.

A l'époque de la réduction de l'Égypte en province romaine, on créa deux autres épistratégats, l'un pour la Moyenne-Égypte, l'autre pour la région du Delta, mais les nouveaux épistratèges furent de simples officiers supérieurs placés sous la domination immédiate du préfet Augustal, et il faut se garder de les confondre

8

avec l'épistratège de la Thébaïde. Ce haut fonctionnaire paraît jouir dès lors d'une moins grande indépendance vis-à-vis du pouvoir central et ses attributions tendent de plus en plus à se calquer sur celles de ses nouveaux collègues de Memphis et du Delta. C'est donc dans la Thébaïde et sous la domination grecque que l'épistratégat, titre tout à fait spécial à l'Égypte dans l'antiquité, présente ses caractères les plus intéressants et qu'il convient de l'étudier.

Il n'est pas probable que les épistratèges aient pris une grande part aux persécutions contre le christianisme. Les chrétiens de la Thébaïde étaient transférés Alexandrie pour y être jugés. Du reste la principale persécution eut lieu sous Dioclétien, et c'est justement sous cet empereur que furent complètement remaniées les institutions administratives de l'Égypte.

L'épistratégat prit fin vers l'année 300, après cinq cents ans environ d'existence. L'épistratège fut remplacé par le *Dux Thebaïdis*, qui gouverna la Haute-Égypte jusqu'à la conquête arabe.

Suivant qu'ils appartiennent au temps des Lagides ou à l'époque impériale, les épistratèges portent des noms grecs ou romains. Nous ne relevons qu'un seul nom égyptien[1]. Il serait téméraire de tirer de ces dénominations une induction quelconque sur la nationalité des épistratèges[2].

(1) Phommoutis, épistratège sous Philométor.

(2) Nous voyons dans les pièces démotiques beaucoup de personnages nés de parents égyptiens et portant un nom grec par suite de naturalisation. La réciproque ne serait pas vraie.

PRINCIPAUX ÉPISTRATÈGES.

Aristonicos[1]	sous le règne de	Ptolémée Épiphane.
Marcus Pedius	—	Ptolémée Évergète II.
Callimaque	—	Ptolémée Évergète II.
Démétrius	—	Ptolémée Aulète.
Phommoutis	—	Ptolémée Philométor.

PÉRIODE ROMAINE.

Marcus Clodius Postumus (Propylon de Tentyris)		Auguste.
Aulus Fulvius Crispus	—	Tibère.
Ragonus Celer	—	id.
Artorius Priscus	—	Vespasien.
Titianus	—	Adrien.
Clodius Emilius (inscr. colosse Memnon)		Antonin.
Septimus Marcus (inscr. Kasr-Zayan)		id.
Lucceius Ofellianus (inscr. du Sphinx)		id.
Clodius Geminius (inscr. colosse Memnon)		Septime Sévère. Caracalla.
Vibius Severus Aurelianus (inscr. d'Antinoé)		Alexandre Sévère.

(1) Ce fut Aristonicos qui ramena de Grèce les troupes destinées à combattre les Thébains.

Par un rapprochement curieux, l'Egypte de nos jours présente un aspect semblable à celui que nous offrait, il y a deux mille ans, le royaume des Lagides. Le pays qui correspond à l'ancienne Thébaïde est menacé au sud par des ennemis redoutables : les Madhistes ont remplacé les anciens Éthiopiens.

A Assiout (autrefois Lycopolis) réside le gouverneur général de la Haute-Égypte, qui a sous son autorité les deux moudhirs de Denderah et d'Assouan. Ce dernier est, de fait, presque indépendant et nous pouvons l'assimiler à l'épistratège.

Comme l'ancien gouverneur de la Thébaïde, le moudhir actuel d'Assouan, tout en étant officier supérieur de l'armée égyptienne, étend son pouvoir sur les différentes parties de l'administration civile. L'état de siège est proclamé dans tout le moudhirich ainsi que dans le pays nouvellement conquis au sud jusqu'à Ouady-Halfa. La gendarmerie civile est supplantée par des corps de troupe, le code égyptien qui a fait tant d'emprunts à notre législation est remplacé par la loi martiale, les conseils de guerre ont succédé aux tribunaux de droit commun et le moudhir répartit lui-même les impôts. Le nouveau gouverneur militaire réunit donc en sa personne les prérogatives administratives, judiciaires et financières de l'ancien épistratège.

Il y a du reste beaucoup d'analogie entre les lois modernes et les institutions antiques de l'Egypte. Ce pays a conservé en grande partie ses anciennes traditions et tout semble s'y être figé jusqu'à Ismaïl-Pacha.

Sans doute l'institution de l'épistratégat paraitra regrettable aux esprits libéraux. L'autorité de l'épistratège s'exerçait dans toute sa plénitude, il pouvait établir des impôts et déclarer la guerre, il était le maitre de la fortune et de la vie de ses sujets. Mais l'étude de l'épistratégat est intéressante en ce qu'elle nous montre l'organisation puissante qu'établit la politique des Ladiges pour étouffer la nationalité égyptienne dans ses dernières manifestations. Nous saluons surtout l'épistratège comme le dernier chef de la caste militaire. Si, dans les civilisations éteintes, on aime à ressusciter les prêtres, les magistrats, les savants, l'esprit s'arrête de préférence aux nombreux guerriers qui, par un dévouement stérile, sont tombés enthousiastes dans leur foi en la durée de la patrie.

RENVOIS PRINCIPAUX.

Papyrus de Turin.
Inscriptions grecques de Letronne.
Papyrus de Leyde.
Décret de la Grande-Oasis.
Papyrus grecs du Louvre.
Économie de l'Égypte sous les Lagides de Lumbroso.

PARIS. — IMP. V. GOUPY ET JOURDAN, RUE DE RENNES, 71.

www.ingramcontent.com/pod-product-compliance
Lightning Source LLC
LaVergne TN
LVHW010254230826
846091LV00007B/2968

* 9 7 8 2 0 1 4 4 4 8 5 3 5 *